AF359446

REVUE CRITIQUE

DES

OEUVRES

DE

PEINTURE, DESSIN,

SCULPTURE ET ARCHITECTURE

QUI ONT FIGURÉ A CETTE EXPOSITION.

GRENOBLE,

IMPRIMERIE DE N. MAISONVILLE, ÉDITEUR.

Cette Revue critique a été publiée en feuilleton par le journal le
Patriote des Alpes. L'administration de ce journal a bien voulu nous
autoriser à la réimprimer. Du reste, cette publication n'est point une
spéculation, car elle n'est pas destinée à être vendue; tirée à cinquante
exemplaires, elle doit être distribuée à ceux qu'elle intéresse spécialement. Ce sera à la fois un souvenir de la remarquable exposition de
1850 et un document comparatif pour l'avenir.

(NOTE DE L'ÉDITEUR.)

REVUE CRITIQUE.

Depuis cinq ans, Grenoble n'avait pas eu d'exposition. La révolution de février avait empêché celle qui avait été résolue pour l'été de 1848.

Nos artistes n'ont rien perdu à ce retard : ils ont employé ces deux dernières années à des travaux sérieux, qui ont été suivis de remarquables progrès pour la plupart d'entre eux. Au travail individuel, isolé, ils ont pu substituer l'étude en commun, le travail fécondé par l'émulation et par l'exemple : de ce jour, l'avenir de l'art a été assuré dans notre ville.

Le conseil municipal, en fournissant un local à *l'Académie de dessin*, en lui donnant une subvention sur les fonds communaux, en lui témoignant, en diverses occasions, l'intérêt qu'il attache au développement et à la vulgarisation des arts du dessin dans la population grenobloise, le conseil municipal — c'est une justice à lui rendre— a puissamment contribué aux heureux résultats que nous venons d'indiquer.

Nous croyons savoir que quelques personnes auraient critiqué la munificence du conseil, et nous avons nous-mêmes entendu des esprits, d'ailleurs très-sérieux et vraiment libéraux, contester l'utilité de la diffusion des arts du dessin dans les classes laborieuses. A quoi bon ?

disaient-ils. Passe pour le dessin linéaire ; mais le dessin artistique, à quoi peut-il servir? N'a-t-il pas pour résultat d'enlever aux travaux utiles une foule de jeunes gens qui y trouveraient des ressources assurées, pour les jeter dans le vide des régions de l'art où ils ne rencontrent, le plus souvent, que misère et déception ?

Il y a certainement du vrai dans l'objection, mais on peut aussi bien la tourner contre toutes les connaissances humaines, et dire également : A quoi bon la science? A quoi bon la littérature? A quoi bon l'enseignement supérieur? Et comme on n'a pas de raison pour s'arrêter en si beau chemin, on dirait encore : A quoi bon faire apprendre à lire?

Eh mon Dieu ! en plein xixe siècle il y a de tristes esprits qui en sont venus jusque-là; il y a des gens qui maudissent Gutenberg et sa détestable invention ; qui briseraient la statue imprudemment érigée à celui qu'ils considèrent comme le premier auteur de nos misères sociales; qui supprimeraient volontiers l'imprimerie, et qui fermeraient de bon cœur les écoles primaires. C'est de la logique rétrograde, mais c'est de la logique. D'un côté le savoir, de l'autre l'ignorance ; d'un côté le développement de toutes les facultés de l'intelligence, de l'autre l'abrutissement complet de l'esprit; d'un côté la lumière, de l'autre l'éteignoir. Il faut choisir entre deux ; il faut savoir comprendre l'absolu de cette division et bien retenir que toutes les manifestations du génie humain sont précieuses au même titre, que toutes les connaissances humaines sont solidaires, et qu'on ne peut nier l'utilité de l'une sans donner le droit à son voisin d'accuser le danger d'une autre ; et ainsi brin à brin serait brisé tout le faisceau intellectuel amassé péniblement pendant une longue succession de siècles ; rien ne demeurerait intact.

Et quand il serait vrai que quelques individualités, s'abusant sur leurs forces, se perdraient dans leur vol impuissant vers les hauteurs de l'art, serait-ce une raison pour tenir l'art sous le boisseau et ne le révéler qu'à un petit nombre d'adeptes après de mystérieuses initiations? Mais de telles chutes se retrouvent partout; il n'y a pas de carrière intellectuelle qui ne soit marquée d'accidents de cette nature. Dans toutes les directions, nous voyons les imitateurs d'Icare retomber sur le sol, après avoir rêvé un vol audacieux vers le soleil; d'autres, plus ou moins heureux, n'ont évité la chute que parce qu'ils n'ont jamais pu quitter la terre.... mais qu'importe! est-ce pour ces présomptueux qu'il faudra dire au génie : coupe tes aîles ou du moins cache-les, de peur qu'on n'essaie de suivre ton essor!

Le progrès ne doit pas s'arrêter en vue de quelques traînards; le bien général des sociétés ne doit pas être rejeté parce qu'il plaira à quelques individus de s'en faire un instrument de mal pour eux-mêmes.

L'art en général a sur les mœurs d'un peuple une influence morale que nul ne cherche à contester sérieusement, et nous n'irons pas le défendre sous ce rapport : ce serait complétement inutile. Mais nous dirons un mot de l'intérêt matériel qui s'attache au développement de l'art.

Et d'abord, où s'arrête l'art spécial qui nous occupe en ce moment? est-il renfermé exclusivement dans une toile, dans une statue? Ce sont là, peut-être, les types les plus élevés de l'art, mais on le trouve encore dans une foule d'objets qu'on recherche avant tout pour leur utilité, et dont il décuple le prix.

Combien de nos meubles, par exemple, sont réellement des objets d'art d'un mérite véritable, procédant directement de l'art proprement dit et subissant le contre-coup des révolutions qu'il a traversées. Qu'on prenne la peine de suivre les transformations qu'il a éprouvées au moyen-âge, à la renaissance, sous Louis XIV, sous Louis XV, et toujours, à côté des écoles de peinture ou de sculpture, on verra notamment l'orfévrerie et l'ébénisterie, pour ne parler que de cela, suivre le mouvement, obéir à l'impulsion qui leur vient d'en haut. S'il est une époque où l'art se montre effacé, raide, guindé, maussade, c'est assurément celle de l'empire; voyez si tous nos meubles de ce temps ne sont pas marqués à ce caractère. Ces simples rapprochements suffisent pour démontrer que l'art, outre son utilité morale et directe, en a une autre matérielle et indirecte qui doit le recommander à tout le monde. Il est évident dès lors que les arts du dessin sont utiles à d'autres personnes qu'aux artistes proprement dits, et qu'en agrandissant le sentiment, en développant l'intelligence artistique dans certaines professions, ils peuvent devenir un instrument perfectionné de travail pour l'ouvrier et une source de jouissances nouvelles pour nous tous.

Cette thèse, que nous ne faisons qu'effleurer, pourrait nous mener — et le lecteur avec nous s'il avait la patience de nous suivre — beaucoup trop loin. Nous nous arrêterons ici en matière de généralités.

Au point de vue local, nous ajouterons quelques mots :

La ville de Grenoble n'est pas destinée à un mouvement commercial ou industriel qui la distingue jamais au milieu des cités françaises. Nous subissons les conséquences de notre position excentrique : enfermés dans une profonde vallée des Alpes, acculés contre le territoire sarde, éloignés des grandes voies de communication et surtout des chemins de fer, nous devons nous résigner à notre isolement, à notre tranquillité. Mais si nous sommes privés des avantages matériels qu'amènerait une autre position, nous pouvons cependant maintenir et même augmenter l'importance de notre ville.

Qu'elle devienne le centre intellectuel des départements qui l'avoisinent ; pour cela les éléments abondent. Indépendamment de ses trois facultés, de ses écoles municipales, de sa bibliothèque et de ses musées, Grenoble a d'autres avantages qu'il tire de sa situation : nulle part on ne serait mieux placé pour l'étude des sciences naturelles ; nulle part on ne trouverait une nature plus belle et pouvant mieux inspirer l'artiste. Il s'agit de savoir tirer parti de ces avantages en les mettant en relief, en favorisant le plus possible les études spéciales auxquelles la nature nous convie.

L'ancien conseil municipal comptait dans son sein des hommes qui avaient compris tout cela, et qui déjà avaient émis ces idées dont nous ne sommes que le reproducteur; le nouveau conseil a accepté cet héritage de son devancier et il a pu réaliser ce que celui-ci n'avait pu faire. Aujourd'hui une magnifique construction s'élève au Jardin des Plantes; ce sera le temple consacré aux sciences naturelles et spécialement aux richesses de nos Alpes qui viendront s'y ranger dans l'ordre le plus convenable. L'Académie de dessin a été fondée avec la sanction et la protection du conseil; si elle continue comme elle a commencé, elle deviendra le berceau d'une école dont les œuvres pourront paraître avec honneur dans toutes les expositions. Aujourd'hui encore, on est à la veille d'organiser un enseignement professionnel où le dessin artistique trouvera sa place à côté du dessin géométrique. En un mot, l'impulsion est donnée et il ne s'agit que de persévérer. Le pouvoir municipal doit avoir foi en son œuvre et ne pas se laisser ébranler par les objections souvent irréfléchies qui retentissent à son oreille.

Il est possible que beaucoup de personnes trouvent ce préambule bien long et manquant de rapport avec l'exposition. Pour nous, ces idées s'enchaînent dans un ordre qui nous paraît logique et nous avons cru devoir les indiquer. Du reste, avant de commencer notre revue critique, nous devons dire encore comment nous comprenons ce travail, et comment nous entendons le faire pour qu'il soit sérieusement utile.

Une critique de ce genre est d'une double utilité, en ce sens qu'elle s'adresse à la fois au public et à l'artiste.

Le sentiment de l'art ne se développe pas toujours tout seul; il a souvent besoin de guide et d'initiateur. Apprendre au public, sinon qu'un tableau est beau, du moins pourquoi il est beau, est chose nécessaire: autrement, que d'erreurs pourraient être commises! C'est en fait de tableaux surtout, qu'un œil inexercé est exposé à prendre le chrysocale pour de l'or. Pour le public et pour l'artiste lui-même qui, de toutes les façons, en serait la victime, il faut donc combattre le danger des jugements erronés.

Au point de vue de l'artiste seul, qu'il fasse bien,

qu'il fasse mal, la critique qui encourage, la critique qui blàme, sont nécessaires encore. C'est surtout chez les artistes qu'il y a des moments de doute cruel. Il n'en est pas un qui n'ait passé par les plus poignantes incertitudes ; il n'en est pas un qui ne se soit dit : suis-je sur la bonne, ou sur la mauvaise voie? et comme l'artiste, autant qu'un autre et souvent plus qu'un autre, est exposé à s'abuser sur ce qui a longtemps fixé sa pensée et son regard, c'est à la critique de confirmer ou de rectifier son jugement. Ainsi comprise, la mission du critique est sérieuse; elle demande à la fois du savoir et de la prudence. Nous ne nous abusons pas le moins du monde sur notre insuffisance pour la remplir, mais du moins nous mettons au service de l'art toute notre bonne volonté, et c'est d'ailleurs présenter déjà une garantie que de montrer qu'on sait le péril d'un jugement inconsidéré.

Rien n'est plus facile que de semer de traits piquants une revue de ce genre; mais c'est là un jeu cruel dont nous saurons nous abstenir. En nous faisant un devoir d'être juste, nous ne cesserons jamais d'être bienveillant. C'est seulement ainsi que la critique peut avoir toute son utilité, et c'est ainsi qu'elle est complétement morale.

Que les artistes dont nous examinerons les œuvres soient donc bien convaincus d'une chose, c'est qu'en faisant la revue du salon, nous voulons leur venir en aide et non point entraver leur carrière et paralyser leurs efforts. Nous pourrons nous tromper peut-être, différer d'opinion avec d'autres juges très-compétents, mais toujours, du moins, notre bonne foi sera inattaquable.

Jamais les expositions de Grenoble n'avaient fourni un aussi grand nombre de toiles, et jamais aussi nous n'y avions rencontré un aussi grand nombre de bonnes compositions dans tous les genres.

Nous avons plusieurs grands tableaux : ils sont destinés à des églises et doivent être vus d'une distance plus grande que celle qui, dans notre musée, les sépare du spectateur.

Ils perdent à être vus de si près, et cette observation s'adresse aussi bien au *Sacré-Cœur de Jésus*, de M. Célestin Blanc, qu'au *Saint Jean préchant dans le désert*, de M. Rolland, et à *la Vierge et l'enfant Jésus*, de M. Méhier.

La première de ces compositions prête peu, et le détail auquel elle doit le nom qu'elle porte sur le Livret est aussi contraire au beau artistique qu'à la vérité physique. Au point de vue religieux, on peut dire aussi qu'il y a là matérialisme grossier et abaissement de l'idée que la plus vulgaire intelligence peut se faire de l'amour divin. Ce n'est pas, toutefois, à M. Blanc qu'il faut adresser ce reproche : il a subi un programme dont il ne pouvait s'écarter; mais si l'idée lui est étrangère, l'exécution n'appartient qu'à lui, et, à ce point de vue, nous lui dirons, sans détour, que son Christ manque de dignité et de majesté; il est court, d'une part, et, de l'autre, la tête est enfoncée dans les épaules; la poitrine est creuse; enfin, pieds et mains pourraient être d'un dessin plus correct. Pour les draperies, elles sont brillantes de ton, d'un assez bon style, sauf quelques détails, et d'un faire large et habile.

La Vierge de M. Méhier est destinée à la même église que le Christ de M. Célestin Blanc; elle plaît généralement moins que ce dernier tableau, et, cependant, nous croyons pouvoir prédire qu'elle réussira mieux que celui-ci quand tous les deux seront à la place qui leur est assignée. Par le style et par la couleur, la Vierge rappelle un peu les anciennes peintures murales que M. Méhier paraît avoir beaucoup étudiées;

elle s'harmoniera avec le style ogival de l'église, et l'œil sera moins frappé qu'il ne l'est aujourd'hui par le fond azur sur lequel s'enlève la figure.

M. Méhier nous permettra-t-il un conseil? Ses études sont consciencieuses; — sa belle copie de Raphaël, la fresque du *Saint-Sacrement*, le prouve;—mais il doit se défier de ses impressions et de ses très-légitimes admirations de Rome. Il ne faut pas de parti pris en peinture; or, il semble que M. Méhier ait un parti pris de couleur : ses tableaux se ressentent des études qu'il a faites des admirables fresques romaines, et manquent trop d'éclat et de relief. Nous reviendrons, du reste, à MM. Blanc et Méhier à propos d'autres œuvres et surtout de leurs divers portraits.

La *Prédication de saint Jean* dans le désert est une composition beaucoup plus difficile que les précédentes, car elle comprend un grand nombre de figures. Quand, en face de cette toile, nous nous rappelons l'âge de l'artiste, nous ne pouvons que nous incliner avec respect devant cette œuvre d'une verte vieillesse; nous oublions les défauts qu'on pourrait y signaler et nous ne songeons qu'à ses qualités.

M. Debelle n'a rien pu nous donner de nouveau cette année; il a dû se contenter de nous envoyer son tableau historique représentant l'abdication d'Humbert II, ou plutôt la présentation par ce prince, devenu simple religieux de l'ordre des Frères prêcheurs, à ses anciens sujets, du nouveau dauphin, le jeune Charles de France.

L'intérêt historique de ce tableau a déterminé l'administration municipale de Grenoble à en faire l'acquisition pour le grand salon de l'Hôtel de Ville.

La scène est bien composée, l'expression des personnages est convenable; il y a de l'unité dans l'action et dans la pensée de cette foule de gentilshommes, d'ecclésiastiques , de bourgeois exprimant à la fois leurs regrets et leur obéissance. Dans le fond, on voit les bannières des principales familles dauphinoises.

Les reproches qu'on adresse à ce tableau sont de diverses natures : il y a des figures longues, des airs de tête trop peu variés, des types trop semblables, des parties où l'artiste a abusé de sa facilité; mais, en somme, ce tableau a beaucoup plus que le mérite historique par lequel il a obtenu sa place dans le palais municipal.

Ici, qu'il nous soit permis de dire à nos artistes qu'ils devraient explorer l'histoire spéciale de notre province; ils y trouveraient des sujets dramatiques qui inspireraient leur pinceau, et, en ajoutant un puissant intérêt patriotique à celui qui s'attache naturellement à une œuvre d'art, ils augmenteraient leurs chances de succès.

Les tableaux de genre sont nombreux, et c'est moins par la quantité que par la qualité qu'ils se distinguent de ceux qui figuraient dans la dernière exposition.

Ceux de nos lecteurs qui ont vu, notamment, les tableaux de **MM.** Blanc-Fontaine et Rahoult au salon de 1845, ne peuvent que s'étonner de l'immense progrès réalisé par ces jeunes artistes, — et par d'autres encore que nous signalerons plus tard. — Il y a cinq ans, c'est à peine si, devant leurs œuvres, on osait espérer; aujourd'hui, il y a plus que de l'espérance, il y a véritable succès.

Avant d'examiner les principales toiles de ces deux artistes, nous ferons une observation générale.

Si l'on veut un succès sérieux et durable, il faut se cantonner dans le genre pour lequel on se sent le plus d'entraînement et d'aptitude, et bien se garder de les effleurer tous. En éparpillant ses facultés, en se jetant à la fois sur divers chemins, ce n'est pas le moyen d'arriver vite, c'est même celui de ne pas arriver du tout.

En tout et partout — et dans les arts peut-être plus que dans les autres carrières — il faut de l'esprit de suite, de la persévérance, de la ténacité. Ce n'est pas tout de travailler, il faut encore que ce soit avec discipline, avec constance; autrement on perdrait le fruit légitime de sa peine et de son temps. Sans doute, on ne trouve pas toujours immédiatement sa voie, et il est besoin de la chercher péniblement ; mais quand une fois on croit y être, il ne faut plus la quitter et courir les aventures. L'infidélité a de l'attrait même dans les arts ; mais on s'en repent tôt ou tard et l'on y perd toujours beaucoup plus qu'on n'y gagne.

M. Blanc-Fontaine a tenu à se révéler à nous sous trop de formes, et nous en dirons autant de M. Rahoult, autant de M. Faure, auquel nous arriverons par la suite.

Le Repos de la Vierge — de M. Blanc — est une charmante vignette peinte ; son *Intérieur de chapelle gothique*, une bonne petite toile. Nous n'aimons pas la *Déroute*, ce n'est qu'une esquisse ; mais on y voit suffisamment que M. Blanc doit se tenir à l'écart des *batailles*. — Pardon, ami lecteur, de ce triste jeu de mots non prémédité et que nous avons commis innocemment, comme M. Jourdain faisait sa prose. — Pour revenir à cette toile, les chevaux sont raides et ont, en partie, les formes un peu conventionnelles de la statuaire antique.

Les premières Amours sont un sujet difficile et placé entre deux écueils : dire trop ou ne point dire assez ; être insignifiant ou exagéré. M. Blanc a-t-il réussi ? c'est une question qu'on se fait devant cette toile, la plus grande de toutes celles de M. Blanc, et c'est déjà un malheur que cette question soit posée, car s'il y a des gens disant oui, il y en a aussi qui disent non. Pour nous, nous répondrons oui et non, et, de cette façon, nous sommes de l'avis de tout le monde. Expliquons-nous : d'abord, nous trouvons ces *premières amours* un peu trop avancées ; elles nous paraissent trop près de leur couchant, nous préférerions les voir à leur aurore. Après cela, et la donnée admise, la jeune fille nous semble charmante de pudeur et d'abandon ; sa pose est chaste, sa figure délicieuse d'expression ; il semble que l'artiste se soit inspiré de ces vers italiens intraduisibles dans notre langue raide, sèche et nue jusqu'à la pauvreté :

> Ed ella in atto ritrosetta e schiva
> Mostrava di fuggire
> . . . . e quel soave
> Mostrarsene ritrosa ,
> Era un no che voleva. . . . . .

Quant au jeune homme, il est infiniment moins *réussi* ; la passion qui éclate sur ses traits et dans sa pose n'est pas assez voilée ; il paraît hors de lui, et l'on n'est nullement rassuré en le voyant.

Comme exécution, la figure de la jeune fille est aussi beaucoup mieux que l'autre ; les draperies sont bien agencées et d'une bonne exécution.

Les Souvenirs du monde dans le cloître paraissent nous conduire bien loin du sujet que nous venons d'examiner, et cependant la pente est plus naturelle qu'on ne le pense : le jouvenceau est devenu homme, il a tout connu de ce qui fait battre un noble cœur : l'amour et la gloire ; et puis.... — ici, commencent les conjectures, et chacun peut remplir à son gré cette vie qu'on a vue resplendir dans l'adolescence en plein soleil, et qui va s'éteindre dans la vieillesse, à l'ombre du cloître. — Quoi qu'il en soit, l'homme a dit adieu au monde et à ses orages ; puis, arrivé au port, il a voulu regarder derrière lui et contempler une fois encore ses vieilles idolâtries :

> . . . come quei che con lena affannata
> Uscito fuor dal pelago alla riva
> Si volge all'acqua perigliosa, e guata.

A voir sa figure austère, on ne sait trop s'il remercie le ciel de l'avoir sauvé du naufrage, ou si quelque regret n'est pas venu troubler sa solitude et interrompre sa prière.

Ce qui est certain, c'est qu'on se prend à rêver devant ce moine au front chauve, à la face flétrie moins par l'âge que par les passions, qui d'une main caresse l'épée qu'il ceignait autrefois, pendant que son regard s'attache à un portrait de femme, appuyé contre une tête de mort.

Ces oppositions sont simples dans le tableau, elles ne se heurtent pas à l'œil du spectateur, et c'est là le grand mérite de cette composition. Cette fois, la main n'a pas fait défaut à la pensée.

L'œuvre la plus sérieuse de **M. Blanc-Fontaine** est à notre avis son *Ange gardien*. L'idée n'a rien de neuf, mais un homme intelligent sait rajeunir les sujets les plus vieux.

Dans une barque antique , un jeune enfant a commencé la périlleuse traversée de la vie , sur une mer houleuse et où apparaissent quelques écueils. Le danger , il ne le voit point, car il dort sur de moelleux coussins qu'une main maternelle semble avoir disposés avec amour. A l'arrière de la barque est assis l'ange , dont la pose, la figure et le bras qui écarte le voile, expriment la plus tendre sollicitude.

L'enfant dort admirablement ; il est bien dessiné , bien peint. L'ange est vêtu avec goût ; les flots de draperies dont il tient un coin et que le vent soulève sont bien jetés, mais à tout prendre il ne vaut pas l'enfant. On critique la couleur des eaux et même celle du tableau entier ; nous ne partageons pas cette opinion. Il est des sujets qui ne comportent pas une couleur éclatante, et de ce nombre est la composition qui nous occupe , — d'autant mieux qu'il s'agit d'un effet de matin, au moment où la lumière commence seulement à poindre à l'horizon. Il y a là harmonie de pensée , harmonie de couleur, harmonie de lignes. C'est un tableau qui n'attire pas le regard, devant lequel beaucoup de personnes peuvent passer sans trop s'arrêter ; mais devant lequel aussi on revient toujours avec plaisir , quand on a compris cette charmante toile.....

Le lot de M. Rahoult est considérable ; mais son œuvre importante est, sans contredit, le *Décaméron de Boccace*. Tous les personnages désignés par le conteur italien se trouvent réunis. Des porcelaines, des flacons vides, des instruments de musique abandonnés sur le sol indiquent un repas accompli sur le gazon émaillé, au milieu des joyeux récits et des douces *canzonette*.

> Io mi son giovinetta, e volentieri
> M'allegro e canto en la stagion novella,
> Merzè d'amore e de' dolci pensieri.

Néiphile vient peut être de chanter la *canzone* qui commence par ces vers, et c'est peut-être aussi pour fuir le rayon de soleil qui est venu atteindre le lieu du champêtre festin, que la troupe joyeuse va chercher la fraîcheur sur l'eau et sous l'ombre épaisse des yeuses.

La reine, reconnaissable à sa couronne de laurier, est déjà assise à la proue avec une de ses compagnes ; une autre, debout, échange avec son beau voisin un doux regard en promenant ses doigts distraits sur les cordes d'une mandoline ; une quatrième, agenouillée sur le bord de la barque, joue avec un cygne ; à côté, un des jeunes gens, déjà armé de sa rame, semble presser l'embarquement des trois autres beautés qui n'ont pas encore quitté la rive ; l'une d'elles, cependant, avance déjà le pied pour descendre dans la barque avec l'aide du troisième cavalier qui, en riant, lui tend la main ; une autre la suit de près, pendant que la dernière donne un ordre à deux petits pages nègres occupés à enlever les restes du repas.

Ce tableau compte douze figures en tout, sans parler du cygne et de deux beaux lévriers. L'action est bien rendue, et il n'est personne qui, du premier regard, ne la comprenne ; il n'y a ni encombrement ni confusion ; les deux groupes principaux s'agencent heureusement ; les poses, simples et naturelles, sont toutes variées sans effort. Cette gracieuse figure du premier plan, avec sa robe d'un jaune éclatant, c'est certainement la Fiammetta au *capo biondissimo*, la Fiammetta *li cui capelli eran crespi, lunghi e d'oro ;* elle doit cette place à la prédilection particulière du poète ; la lumière enveloppe sa taille pendant que sa tête, noyée en partie dans le clair-obscur, s'enlève sur le visage éclairé d'une de ses compagnes. Déjà les personnages entrés dans la barque, sauf la jeune fille qui se penche vers le cygne, sont dans l'ombre ; seulement, un rayon perdu dans le feuillage vient effleurer, par ci, par là, un front ou une main.

Cette composition, d'une grâce charmante, a, de plus, l'attrait d'une couleur brillante dans les parties éclairées. M. Rahoult s'y est montré coloriste, tout en restant consciencieux observateur de la ligne ; son tableau dénote de solides études, et il n'a qu'à persévérer pour atteindre un succès sérieux, définitif.

Faisons maintenant la part de la critique.

Nous n'aimons pas le négrillon qui court en étendant le bras ; cette figure manque de ce naturel, de cette simplicité qui recommandent toutes les autres ; les masses des yeuses ont, en quelques points, une opacité trop grande ; elles sont lourdes. Quelques figures pourraient avoir plus de distinction ; mais, avec tous ces défauts, le *Décaméron* n'en est pas moins une toile très-jolie, très-désirable et très-désirée par les sociétaires qui, tous, plus ou moins, calculent leurs espérances.

Le *Pifferaro*, la *Tournée du capucin*, le mendiant encapuchonné *(Elemosina)* sont des souvenirs de Rome, où M. Rahoult révélait déjà de précieuses qualités : un dessin arrêté, une peinture solide, du goût dans la disposition et, dans l'exécution, de la sagesse.

Dans le *Pifferaro*, nous reprocherons à M. Rahoult les cheveux de son personnage ; on a beau les supposer gras, gros, épais, ils seront toujours difficilement compris.

Le *Carrefour de Rome* est une jolie bluette. Ces petites figures sont bien campées ; l'*improvisatore* cherche bien l'inspiration, et la foule est bien attentive.

M. Cottavoz nous avait déjà exposé quelques jolis tableaux dans ce genre coquet et maniéré dont Vatteau est encore l'expression la plus complète et la plus précieuse aujourd'hui.

Cette année, il a produit deux petites toiles où brillent, à un degré plus relevé, les qualités que le public avait déjà remarquées dans ses ouvrages.

Le *Nid d'oiseaux* se recommande par un faire large, habile, et par une couleur où l'éclat de quelques parties n'ôte rien à l'harmonie de l'ensemble ; les bras et les épaules de cette jeune fille sont d'un ton chaud et vrai : que cette étoffe miroite bien au soleil, et cela sans fatiguer le regard ! comme toute cette figure s'enlève bien sur le fond feuillu du tableau !

Nous ne savons si c'est bien là une forêt réelle, possible, par le ton général des masses et par les détails du feuillage ; mais ce qu'il y a de certain, c'est qu'il serait difficile de trouver un fond plus favorable au sujet qu'il est destiné à faire ressortir.

Après cela, pourquoi cette tête est-elle si grosse? Pourquoi cette figure est-elle si vulgaire? M. Cottavoz, dans son tableau intitulé: *la Musique*, nous a prouvé qu'il a, quand il le veut, à sa disposition de jolis et gracieux minois. Mais nous commençons, à propos de ce tableau, par l'éloge, quand nous voulions commencer par la critique : revenons à notre premier projet.

Nous ne voulons pas plus chicaner M. Cottavoz sur le paysage de ce tableau que sur celui du précédent. Ses arbres au-delà du lac peuvent être de l'outremer plus ou moins foncé; ceux du premier plan peuvent être bruns, gris, violets, de toutes les couleurs : cela nous touche peu. Après tout, c'est là un accessoire, un fond destiné à faire valoir les figures, et si l'œil est satisfait, si, lorsqu'il est devant la scène qui lui est offerte, rien ne l'attire vers le cadre, rien ne détourne son attention vers un détail malheureux, l'effet est atteint et nous ne désirons rien de plus. Mais ce que nous voudrions, c'est qu'il n'y eût pas dans ce tableau des parties incomplètes; or, il y a, entre autres, un arbre à peine ébauché vers le sommet. Le même reproche peut être adressé à quelques autres parties plus essentielles : ainsi, la draperie sur laquelle sont déposés des instruments de musique finit on ne sait où; elle se confond avec le terrain, et, cependant, elle est tout à fait sur le premier plan; la tête du chien est jolie, intelligente, mais le corps, mais la poitrine, mais les jambes n'y répondent point : ce n'est pas étudié suffisamment. Même observation pour la femme couchée à droite et en face du chien; et les pieds du flûteur, où sont-ils? restés sur la palette du peintre. Nous savons qu'il faut éviter d'exagérer les détails sous peine d'être sec; nous savons qu'il n'y a rien d'absolu, que tout est relatif, dans les arts surtout; nous savons que c'est par les oppositions habiles qu'on produit le plus d'effet, et qu'il y a un grand art à savoir sacrifier à propos certaines parties pour faire valoir l'ensemble; mais il faut craindre d'abuser de ces moyens.

Nous n'avons rien omis des reproches qu'on peut

2

adresser à M. Cottavoz, et si nous en restions là, on pourrait croire que *la Musique* de M. Cottavoz est une très-pauvre toile à nos yeux. On se tromperait complétement; le tableau de M. Cottavoz est tout simplement, pour nous, un véritable bijou, dont l'artiste n'a pas fini toutes les facettes, et avec toutes les défectuosités signalées plus haut, nous le trouvons charmant. Il y a de la mollesse dans les poses, dans les attitudes; le dessin aussi est peut-être un peu mou; la touche n'a pas non plus la vigueur qu'on remarque dans le *Nid d'oiseaux*, mais c'est d'une adorable suavité. C'est de la grâce Pompadour, sans doute, mais pour revêtir le cachet d'une époque de décadence, ce n'en est pas moins de la grâce; tel est du moins notre avis.

Le *Luther* de M. Nestor d'Andert n'a pas été fait pour nous; c'est une œuvre déjà ancienne. Il y a là d'excellentes qualités qu'on ne saurait méconnaître. Au milieu de cette toile sombre, et qui rappelle certains effets de l'école de Rembrandt, se détache la figure méditative de Luther assis devant une table couverte d'un tapis. La tête appuyée sur la main droite, il semble interroger le personnage qui est à sa gauche; à sa droite est Catherine, sa compagne, assise dans un fauteuil. Ces deux personnages sont assez insignifiants pour ne pas distraire le spectateur. Tout l'intérêt est pour Luther; le peu de lumière qui s'est glissée dans cet intérieur est pour cette tête un peu vulgaire de traits, mais intelligente et puissante d'expression. Il suffirait de la figure de Luther pour montrer que M. d'Andert est coloriste; nous devons ajouter que le faire en est bon, que la touche en est heureuse. Pour le reste du tableau, ne doit-on pas le trouver trop sombre; et si maintenant on n'y voit rien, qu'y verra-t-on plus tard? Quand on imite les vieux tableaux, il faut se rendre compte de ce qu'ils ont été avant de pousser au noir.

Diane et Endymion, les *Feuillages* : tels sont les titres de deux autres tableaux exposés par M. d'Andert, et tous les deux bien inférieurs au *Luther*. Dans le premier, il y a beaucoup à redire au dessin des princi-

paux personnages; Endymion surtout ne paraît guère
digne de la visite que lui fait la déesse. La lumière est
difficile à comprendre; elle est distribuée un peu arbi-
trairement, ce nous semble, et, à son éclat, elle paraît
venir plutôt du soleil que de l'astre auquel préside la
pâle Phœbé. Pâle, elle devrait l'être, mais elle ne
l'est point du tout : elle est rouge sur son nuage gris,
comme Endymion est rouge sur son gazon, comme
aussi sont rouges les Amours et les Zéphires qui font de
la gymnastique au sommet des arbres.

Du reste, dans les lignes, dans l'ordonnance générale, ce tableau a encore quelque chose qui le fait regarder : on y retrouve encore le coloriste. Il en est de même
des *Feuillages*. Mais est-il bien nommé, ce tableau? on
y voit bien des masses que l'on suppose être des arbres;
mais du feuillage, on n'en voit pas ou du moins on
n'en voit guère. La baigneuse est jolie de couleur, ses
épaules sont d'un ton très-vrai, mais la draperie blan-
che est lourde et n'est pas assez faite.

Nous retrouvons **M. Célestin Blanc**; ce n'est plus
de la peinture religieuse, et cependant il s'agit d'un
dieu. *Amour lançant des traits*, tel est le titre du tableau.

En effet, nous devons être à Cythère. Dans le fond,
on voit un assez laid petit temple grec; en avant, dé-
file une procession, comme il est convenu qu'il y en a
eu dans l'île amoureuse. Un homme jouant de la double flûte ouvre la marche que suivent d'autres personnages portant des fleurs ou jouant de divers instruments.

Sur le premier plan est le dieu dans son plus
triomphant uniforme, et décochant un de ses traits vain-
queurs. Ce n'est pas l'amour enfant et tel qu'on le représente à côté de madame sa mère pour ne pas la vieillir
trop; c'est l'amour grand garçon, émancipé. Il est seul;
son pied gauche repose sur la base d'un petit autel qui
fume et sur la face principale duquel est un bas-relief
approprié à la circonstance, car il représente une
jeune personne qui se hisse sur la pointe des pieds
pour dire un mot mystérieux à la bouche d'un satyre.

Ainsi campé, l'archer divin flèche à tort et à travers

sans viser; et pourquoi viserait-il? n'atteint-il pas toujours le but?

Dans ce moment, il a même une manière assez particulière de lancer son trait. Il est de face, il regarde en face et il tire à gauche, mais de façon que le rayon de son œil coupe à angle droit la ligne que la flèche va parcourir. Cette posture n'est pas naturelle, on pourrait dire même qu'elle est fausse; nous ajouterons qu'elle est disgracieuse.

De plus, le bras qui tend la corde forme un angle aigu d'un mauvais effet; le poignet attaché à ce même bras poche entièrement l'œil droit, et l'empennure de la flèche recouvre à peu près complétement le nez; l'œil qui reste et la bouche sont, d'ailleurs, sans malice, sans esprit, sans expression.

Voilà pour l'ordonnance; quant à l'exécution, il faut distinguer le dessin de la couleur et la couleur du faire.

Le faire est habile, on ne saurait en disconvenir; le pinceau de M. Célestin Blanc est aussi facile qu'on peut le désirer. La couleur est rose, mais c'est un rose blafard, gris et froid; le dessin est défectueux en plus d'un point : d'abord, la figure est guindée, gênée dans son ensemble; pour les détails, il est évident que la jambe gauche est courte, que la partie supérieure s'emmanche mal au bassin, et qu'en un mot, Cupidon est boiteux. Le bras du même côté n'est pas plus heureux, le raccourci est manqué; le bras sort mal de l'épaule, et le poignet est fort mal attaché à l'autre extrémité. Nous n'osons pas dire que Cupidon est manchot.

Sans doute que dans le sujet et dans la pose il y avait d'énormes difficultés à vaincre ; mais pourquoi s'y exposer ainsi? A quoi bon se heurter à ce vieux mythe, dont la grâce antique est si difficile à traduire convenablement pour des yeux modernes? Le sujet est d'ailleurs ressassé, usé ; c'est en un mot une sorte de lieu commun qu'on ne pouvait rajeunir qu'à force de talent.

Nous avons été sévère pour M. Célestin Blanc; mais nous devions l'être, car il nous a été dit que l'artiste s'abuse sur son œuvre et qu'il n'y trouve pas de défauts ; il fallait bien lui dire ceux que le public, dont nous sommes ici l'écho, a relevés tout d'une voix.

Plus tard, si nous avons encore à critiquer M. Célestin Blanc, nous aurons aussi des éloges à lui donner, et, franchement, pour lui comme pour tous les artistes, nous sommes heureux quand nous n'avons qu'à applaudir.

Il y a longtemps que nous n'avions pas vu de la peinture de M. François Bonnet. Avant que M. Bonnet eût quitté Grenoble pour Lausanne, il se faisait déjà remarquer par un bon sentiment de la couleur; seulement, son dessin était souvent incorrect et son exécution lâchée gâtait le mérite réel de quelques parties de ses œuvres. Depuis lors, il a développé ses qualités et ne s'est pas complétement corrigé de ses défauts ; cependant, il y a eu progrès : l'artiste a pris de la main et de l'aplomb.

Dans ses deux tableaux, tous les deux chauds de ton, M. Bonnet a groupé un grand nombre de petites figures faites avec la plus grande facilité. Il y a de l'entrain dans la *Fête de la villa Borghèse*. Mais nous n'aimons pas ses ombrages, la lumière vient on ne sait d'où et les figures manquent quelquefois de perspective. Sa *Prédication dans le forum romain* est un sujet traité par *Pannini* dans un tableau que possède le musée de Grenoble. Nous n'avons pas besoin de dire que le tableau de l'ancien maître est bien au-dessus de celui de M. Bonnet. Chez celui-ci, les ruines sont mal rendues ; les colonnes sont lisses, cirées, brillantes ; c'est en vain que la pluie les frappe depuis deux mille ans, il n'y paraît aucune aspérité. Comparées aux figures, ces ruines sont petites ; elles manquent de proportion.

Avec de la main, M. Alexandre Bonnet a fait un pauvre tableau. Quelle idée aussi a-t-il eue de prendre pour sujet une séance de vaccine dans une mairie de village ! Sa collection de moutards est bien la plus laide qu'on puisse souhaiter, et toutes ces figures d'enfants, de femmes, d'hommes, sont invariablement d'une même couleur ; il n'y a pas jusqu'au garde champêtre, dont la figure ridée ne soit enluminée du même incarnat qui s'épanouit sur les grosses joues des bambins. Nous ne parlerions pas de ce tableau, si, dans quelques parties, nous n'avions trouvé des qualités en quelque sorte perdues et qui permettent d'espérer encore. Si nous avions un conseil à donner à M. Alexandre Bonnet, nous lui dirions de composer un sujet simple, dont l'ordonnance serait facile, d'étudier avec soin son dessin, d'éviter les attitudes grotesques, les expressions de figure vulgaires ou forcées, et de travailler avec opiniâtreté jusqu'à ce qu'il parvienne à s'affranchir de ses défauts actuels.

Mme Christian-David est aussi, nous a-t-on dit, de Grenoble ou des environs. Son tableau *le Christ et la Samaritaine* n'est pas mal composé ; les draperies sont assez bien jetées, assez bien exécutées ; mais s'il y a dans cette œuvre absence de défauts saillants, il n'y a pas non plus de ces qualités qui attirent le regard. La couleur est d'un rose monotone et qui plait peu ; il semble aussi que certaines parties ne soient pas achevées.

M. Marquiand a deux petits tableaux. Le *Bûcheron* est de beaucoup meilleur que l'autre ; il y a de l'harmonie dans l'effet général ; mais pourquoi, à l'horizon, ces lueurs rouges comme les reflets d'un incendie ? Cette ligne d'horizon, qui coupe la jambe du *bûcheron* assis, n'est pas heureuse avec sa couleur que rien n'explique. M. Marquiand est un jeune homme plein de modestie et que nous désirerions voir arriver. Il arrivera à la condition d'études fortes et persévérantes ; il a besoin de serrer son dessin et de modeler ses figures. En l'état, on doit reconnaître que, dans certaines parties accessoires de son tableau, le faire est heureux, l'exécution sentie.

M. Durand nous a exposé un tableau représentant Louis XV chez sa maîtresse, Mme Dubarry.

La courtisane, en ce moment, se distrait de l'amour qui l'ennuie,— cela se conçoit avec son vieil amant ; — elle fait de la politique avec le roi, et elle la fait à sa manière au moyen de deux oranges. (Voyez le livret).

Mme Dubarry manque d'esprit et de finesse, le roi

n'est pas ressemblant, ce ne sont pas là les traits si connus de Louis XV.

Un tableau doit, autant que possible, pouvoir se passer du livret ; ou, du moins, si le fait qu'il représente est assez peu connu pour avoir besoin d'explication, il faut au moins que le spectateur, après avoir vu le livret, se dise : Le sujet est convenablement rendu ; l'attitude et l'expression des personnages sont telles qu'on peut les supposer dans la circonstance.

Eh bien ! en voyant le tableau de M. Durand, il n'est personne qui n'ait dit : Non, ce n'est pas Louis XV ; c'est un fermier général, un Mondor parvenu, un traitant qui a pu atteindre à la richesse, mais qui n'a pu arriver à la distinction ; non, ce n'est pas là la Dubarry ; avec cette figure noire, vieille et sèche, avec cette raideur inélégante, elle n'aurait jamais séduit le prince libertin auquel il fallait ou des amours d'ingénue timide, effarouchée, ou des amours de grisette folle et pétulante. Le roi n'était pas ainsi en arrêt devant ces oranges, et sa princesse devait les faire sauter d'une façon plus gentille.....

L'exécution est soignée, quelquefois heureuse dans les accessoires, mais elle est pénible ; c'est de la peinture faite sans verve ; elle trahit les hésitations, les labeurs minutieux du pinceau. Nous en dirons autant du *petit Savoyard*, pour quelques parties du moins. Quant aux vêtements, ils manquent de modelé ; sous cette bure rapiécée, on ne sent pas suffisamment les bras, les jambes, le torse.

Jusqu'ici, nous n'avons pas dit un mot des artistes étrangers qui ont bien voulu envoyer de leurs œuvres à notre exposition. Peut-être aurions-nous dû commencer par eux, —les lois de l'hospitalité le voulaient même ainsi ; —mais, pour ces artistes, la critique éditée dans une ville lointaine, où ils ne sont pas connus, n'a qu'une importance fort réduite. Qui sait même si elle arrivera jusqu'à eux ? Pour ceux de la localité, c'est autre chose : ils attendent avec une impatience inquiète le jugement du public et celui de la presse, surtout, qui vient rectifier ou confirmer les appréciations individuelles ; c'est donc à nos compatriotes que nous devions nos premières impressions. Parmi eux, il en est encore dont nous n'avons pas prononcé le nom et qui cependant figurent au premier rang de l'exposition : nous avons voulu suivre une classification par genres principaux, et nous ne sommes pas arrivés à ceux qu'ils ont adoptés : voilà toute l'explication. Aujourd'hui encore, nous serons obligés de les ajourner avec les paysages et les portraits, pour nous occuper des tableaux envoyés du dehors et rentrant dans les genres divers qui, jusqu'ici, ont appelé notre attention.

En première ligne est sans contredit le *Jésus chez Marthe et Marie* de M. Pilliard, de Vienne. Les dimensions de cette toile sont peu considérables, les figures ne sont pas même de demi-nature, et, cependant, telle est l'ordonnance de ce tableau ; le dessin des figures a une telle ampleur, le style est d'une simplicité et d'une grandeur telles, que les proportions de la scène prennent à l'œil du spectateur, qui ne s'en doute point, une apparence bien au-dessus de la réalité. En un mot, on croit être devant un grand tableau.

Il n'y a ni dans l'attitude des personnages, ni dans la couleur, rien qui attache particulièrement le regard, qui force l'attention ; il n'y a pas d'oppositions tranchées, point de procédés pour faire valoir telle ou telle partie. Cette figure est éclairée parce qu'elle se trouve sur le passage du rayon lumineux ; cette autre est dans l'ombre parce que la lumière ne frappe point l'endroit où elle se trouve ; mais rien, ni ombre, ni lumière, ne semble prémédité. C'est là qu'est le talent de l'artiste : arriver à l'effet en dissimulant le moyen ; frapper le regard par la simplicité, par le naturel, par la vérité.

C'est ainsi que faisaient les grands artistes de la renaissance ; c'est ainsi que faisait Poussin, le grand peintre français. M. Pilliard a évidemment fait une étude sérieuse des maîtres, et son tableau est un reflet des grandes qualités qu'il a su comprendre dans les chefs-d'œuvre au milieu desquels il vit depuis longtemps (1).

---

(1) M. Pilliard habite Rome depuis plusieurs années.

Déjà nous connaissions M. Pilliard par un tableau
que le gouvernement avait donné à notre musée et qui
se recommandait par de belles parties, mais nous aimons mieux celui qui figure à notre exposition : il nous
paraît plus complet.

Dans le milieu où vit M. Pilliard, il n'est pas devenu
coloriste, mais on ne s'en aperçoit pour ainsi dire pas
devant ce dessin ferme et cette peinture vigoureuse.
Cet artiste excelle dans l'arrangement des étoffes, aussi
il est tenté d'abuser de la draperie. Ainsi, Marthe nous
paraît en avoir trop, surtout quand elle se pose devant
Jésus en ménagère affairée. Cette figure est la moins
bonne du groupe principal ; le Christ a une expression
un peu sévère peut-être, mais quand on songe que
c'est moins le propos de Marthe, que le sentiment
égoïste et jaloux dont il était l'expression, qui est repris
par le Seigneur, cette sévérité peut n'être pas exa-
gérée.

La figure la plus complète, la plus savante comme
disposition, la plus heureuse comme expression, est,
sans contredit, celle de Marie, dont l'affaissement, dont
l'œil mouillé de larmes peignent bien la tendresse con-
templative, l'adoration respectueuse, le saint amour
et la reconnaissance intimidée.

L'Education de la Vierge est, sans doute, une œuvre
beaucoup plus ancienne que la précédente. M. Pilliard
devait être alors dans toutes la ferveur de son premier amour pour les vieux maîtres, qu'il rappelle par
la composition et par la couleur. Nous n'aimons pas
ces imitations; elles pèchent toujours par l'absence de
cette naïveté vraie qui fait le charme des vieilles écoles.
Au premier aspect, ce tableau est dur, sec ; le vert cru
de l'oranger tranche sur les tons ternes des figures et
des terrains, mais le dessin est soigné, il y a des
pieds et des mains extrêmement finis, et, sur le premier plan, il y a des plantes et des fleurs qui semblent
avoir été relevées au daguerréotype.

Le Pâtre des Abruzzes est plus dur, plus sec et plus
criard encore. Ce n'est, à proprement parler, qu'une
étude faite au premier coup.

Le tableau de **M. Girodon**, d'Annonay, *la Vierge et Jésus enfant*, a de bonnes qualités, mais il a aussi des défauts saillants : ni le dessin, ni l'exécution ne révèlent une main ferme. Le voile qui recouvre la tête de la Vierge est d'une couleur et d'un faire malheureux. L'enfant est joli ; il sourit bien à sa mère.

L'intérieur de l'église de St-Benoît, à Subiaco, a le privilége, lui aussi, d'attirer la foule.

On ne peut rien voir de plus consciencieux que ce tableau ; les mille détails qu'il renferme accusent une patience persévérante et une grande habileté de main.

Seulement, comme le détail conduit à la sècheresse, **M. Montessuy** n'a pu se mettre complétement à l'abri de ce défaut. L'air ne circule pas assez au fond de son église et le long de ces rampes d'escalier qui vont se perdre dans la voûte ; la perspective aérienne laisse donc quelque chose à désirer. Mais quel précieux fini dans les personnages et dans tous les accessoires du tableau !

L'excellente figure, que celle du *signor curato !* comme elle respire la quiétude de l'esprit, le bien-être du corps ! C'est de la bonhomie un peu vulgaire ; cela sent un peu, tant soit peu, la charge ; c'est l'esprit flamand habillé à la romaine, mais nous sommes loin de le reprocher à l'artiste.

Le *contadino* qui parle au curé est bien pénétré de l'insigne honneur qu'on lui fait, et son importance est d'un assez bon comique.

La dame au riche costume romain est très-belle ; ses dentelles, sa robe de satin sont heureusement rendues. Le petit enfant d'une pauvre femme, auquel elle tend un chapelet, est moins heureux ;

L'expression du clerc qui, d'une main distraite, range la chapelle de droite, est plus que triviale. Que regarde-t-il ainsi ? on croit le deviner ; mais cette figure ignoble repousse le sourire. La jeune femme assise au pied de l'autel a bien la pose la plus impertinemment dédaigneuse, et son regard est chargé du plus souverain mépris qu'on puisse imaginer.

En somme, c'est là un bon tableau.

M. Dubuisson, de Lyon, nous a envoyé une bataille. C'est une charge de cuirassiers sur des masses d'infanterie engagées dans un chemin creux.

Dans ce tableau, la lumière est trop diffuse; elle inonde toute la scène, ce qui tend à donner à l'effet général quelque chose de blafard, de monotone. La lumière n'est réellement de la lumière que par les tons voisins qui la font valoir; c'est ce que M. Dubuisson sait, sans doute, mieux que nous, mais il a voulu faire un tour de force qui n'a pas complétement réussi.

Du reste, la scène est pleine de mouvement; ces masses de cavalerie sont bien lancées. Le fourgon verse bien sur le devant du tableau; le cheval mort est bien peint; l'autre cheval qui vit se cabre bien. Il y a là une *furia* de pinceau allant bien à la *furia francese* qui, en ce moment, se donne carrière; seulement, il y a des parties lâchées et qui laissent à désirer, soit pour la ligne, soit pour le modelé.

M. Bonirote est fidèle au rendez-vous de nos expositions; mais jamais il ne nous avait traités avec un pareil sans-façon: il a eu tort. Ses tableaux sont faibles, cette année : sa *Fontaine égyptienne* ne dit rien; la pensée n'est pas saisissable et l'exécution est incomplète. Son éternelle femme nue nous est venue sous le nom de Vénus, avec une ceinture singulièrement placée. Pose forcée, formes douteuses, absence de modelé: voilà, en quelques mots, l'impression qui nous en est restée du premier aspect; nous ne l'avons pas regardée deux fois.

Le Repos du berger, de M. Salles, n'est pas sans qualités. Il y a de la couleur, mais c'est mollement peint, et le dessin d'un genou nu ainsi que d'une jambe couverte est loin d'être satisfaisant.

Le chien est bien posé; il dort très-naturellement.

Le paysage est le genre le plus généralement cultivé à Grenoble. La nature est si belle aux environs de cette ville, elle offre des sujets d'étude si variés, qu'aucun artiste ne peut rester au milieu de ses merveilles sans être tenté de les reproduire.

A la dernière exposition, M. Ravanat avait très-peu réussi, si nos souvenirs sont fidèles. Ancien élève de M. Achard, il avait tout naturellement suivi la voie que lui avait tracée cet artiste éminent; puis, il avait voulu parcourir une route qui lui fût propre, et c'est à cette époque, toujours critique pour les artistes, qu'il s'était produit. Les tâtonnements, l'hésitation, le doute du peintre passaient dans ses œuvres, et un regard intelligent aurait pu y lire l'inconstance et le trouble de la pensée, l'absence d'inspiration et de foi.

Depuis cinq ans, M. Ravanat a beaucoup travaillé, et une transformation complète s'est opérée chez lui. Il ne reste plus rien dans ses tableaux qui rappelle son ancien maître : M. Achard ne traduit pas la nature, il la copie avec une rigoureuse exactitude et presque avec servilité, non que M. Achard y prenne tout ce qu'il y voit, il est trop habile pour cela, mais ce qu'il y prend il le rend avec une remarquable fidélité. Aussi, M. Achard est-il le peintre de la nature matérielle, de la nature plastique, mais nullement celui de la nature morale et poétique. Tout ce qui a une forme arrêtée, une consistance tangible, il le met sur sa toile avec une prodigieuse vérité; pour le reste, il ne le rend pas ou il le rend mal. Un premier plan est chez lui une merveilleuse chose; vous croyez que vous allez marcher dans ses chemins creux ou sur ses terrains aux gazons brûlés, aux aspérités rocailleuses. Quant aux ciels, c'est autre chose : il n'en sent ni la transparence, ni la profondeur; ses nuages manquent de mouvement, de légèreté, et il semble que leur poids va les entraîner vers la terre. De la pensée, de la rêverie, on ne voit rien qui y ressemble dans ses œuvres : ce sont des portraits où la ressemblance est frappante, où la nature est rendue telle qu'elle apparaît à l'œil du vulgaire, mais non avec les beautés intimes, mystérieuses, qu'une intelligence supérieure sait y découvrir.

M. Ravanat est d'une tout autre école, et quand on s'arrête devant son grand paysage, *Souvenir des environs de Tullins*, on reconnaît bien vite l'homme qui, dans les réalités de la nature, recherche un idéal.

Ce n'est plus cette imitation précieuse devant laquelle on s'exclame; ce n'est plus cette exactitude de détails qui attire et captive le regard : c'est quelque chose qui étonne, au premier abord, par le grandiose de l'ensemble, par les masses puissantes qui occupent le champ du tableau, par la sévérité de l'aspect général. L'œil ne sait après quel détail courir : rien ne le frappe d'une manière particulière, rien ne le sollicite spécialement; mais la pensée ne reste pas inactive; elle s'empare de ces eaux dormant sous l'ombre épaisse des grands arbres, de ce monastère et de cette église qui apparaissent au-delà d'une clairière, de ces fonds lointains, et, à défaut de la satisfaction instantanée du premier aspect, on éprouve devant cette scène un calme rêveur, un charme particulier qui tient à la fois du repos et de la méditation. C'est là l'indice certain que l'artiste a atteint avec bonheur, non pas le beau matériel que nous cherchions à définir tout à l'heure, mais le beau moral qui résulte de l'harmonie générale de toutes les parties, dans un ensemble bien conçu et puissamment exécuté.

Ce n'est pas à dire que cette grande toile plaise à tout le monde, que tout le monde la comprenne, qu'elle soit exempte de défauts ; non, nous ne voulons rien dire de pareil : mais ce qu'il y a de certain, c'est que partout où une pareille toile viendrait à se produire, elle serait remarquée ; elle pourrait être vivement attaquée, mais elle serait défendue plus vivement encore.

Nous avons dit que l'exécution est puissante, énergique; nous devons ajouter que M. Ravanat a besoin de se mettre en garde contre le défaut de ses qualités. Il a des ciels lumineux comme ceux du Lorrain, mais seulement dans les profondeurs de l'horizon; on ne peut rien imaginer de plus habilement fait que ses fonds, mais quand les plans se rapprochent, quand les masses viennent à présenter les parties dont elles se composent, **M. Ravanat** suit quelquefois les procédés de la prestidigitation ; il escamote le détail avec une très-grande habileté, mais on n'en sent pas moins l'absence de choses qui sont dans la nature et qu'on voudrait retrouver dans ses tableaux. **M. Ravanat** excelle, du reste, à rendre le dessous des arbres, éclairé mystérieusement par un jour de reflet ; ses eaux, surtout, sont d'une transparence qu'on ne saurait surpasser ; aussi, ces effets se retrouvent dans ses tableaux comme dans ses *Etudes* : toujours on voit la lumière dans le lointain et l'ombre sur les premiers plans. **Pourquoi M. Ravanat** ne sort-il pas quelquefois de son clair-obscur pour aborder franchement le soleil ? Avec des paysages éclairés sur le devant, il sera obligé de détailler davantage, et il ne pourra que gagner aux nouvelles études qu'il devra entreprendre, aux nouveaux procédés qu'il devra se créer. Aujourd'hui, ce qu'à bon droit on peut lui reprocher, c'est la monotonie, c'est cette apparence de vieille peinture dont il enveloppe ses œuvres. L'histoire du pâté d'anguilles sera toujours vraie : en tout et partout il faut de la variété, pour l'œil comme pour l'estomac, pour l'esprit comme pour le corps. D'ailleurs, si l'artiste ne doit pas courir après tous les genres, ainsi que nous l'avons dit ailleurs, le paysagiste doit cependant changer sa chaise de place et nous montrer la nature sous divers aspects : fraîche et jeune le matin avec le premier soleil, chaudement colorée dans le milieu du jour, et, le soir, avec ses teintes touchantes et poétiques. A ne faire que la même chose, l'esprit perd ordinairement tout ce que gagne la main ; l'artiste, en se montrant sous un seul point de vue, finirait par n'être qu'une sorte de machine fort bien organisée, mais ne pouvant rien produire hors de sa spécialité. Ce n'est, assurément, pas **M. Ravanat** qui voudra confiner son talent dans cette impasse de la pensée, dans cette prison de l'intelligence ; il en sortira sans doute, et, à la première exposition, nous le verrons avec de nouvelles richesses de couleur et d'exécution.

Qui se rappelle les paysages exposés par **M. Eugène** Faure il y a cinq ans ? C'était quelque chose d'incroyable et à quoi il eût été difficile de mettre un nom, d'appliquer un jugement.

Aujourd'hui, la métamorphose est chez lui aussi grande que celle de la larve devenue insecte brillant. Nous parlerons ultérieurement du magnifique portrait qu'il a exposé; aujourd'hui, c'est le paysagiste que nous allons juger. M. Faure nous a donné trois paysages : ce sont trois formes différentes de sa pensée non encore assise, de sa pensée inquiète, aspirant au beau et ne sachant pas encore bien par quel chemin il faut y arriver.

La *Prairie* est le plus ancien des trois : c'est la nature surprise dans son déshabillé du matin, dans la première jeunesse du jour et de la saison. Il y a dans cette petite toile une naïveté charmante, et dans la réussite, on dirait presque plus de bonheur que de talent. Effectivement, M. Faure, aujourd'hui, ferait autrement son ciel, supprimerait quelques détails et disposerait mieux son premier plan; mais il est douteux qu'avec plus d'art, il mît autant de vérité dans cette prairie ombragée de peupliers et de saules, au-delà de laquelle s'élèvent les rochers de l'Echaillon. La lumière effleure la montagne et glisse en ne touchant que quelques saillies, en laissant la masse dans une ombre d'une transparence et d'une finesse de ton remarquables. Au demeurant, c'est là une étude plus qu'un tableau, mais c'est toujours une chose fort jolie.

De la *Prairie* à la *Promenade sur l'eau*, il y a un bond qu'on ne comprend pas. On ne peut imaginer que, de l'imitation de la nature vraie, le jeune artiste ait pu arriver à cette nature coquette, maniérée, gracieuse,—il faut en convenir,—mais qu'on ne voit nulle part, du moins sous le soleil, car on la retrouve dans les tableaux de quelques artistes contemporains.

Ces arbres offrent des masses bien disposées, ce tronc penché sur l'eau, ces lianes qui tombent, ces eaux reflétant le ciel et les bois, tout cela est joli sans doute, mais c'est la beauté conventionnelle, c'est la nature fardée, attifée, enrubanée, prétentieuse. On se lasse vite de cela; c'est une affaire de mode. Il n'y a que le vrai dont on ne se lasse point, en matière d'art du moins, car sans cette restriction on pourrait nous trouver bien absolu.

Les *Fleurs*, tel est le titre du tableau capital de M. Faure. Cet ouvrage signale une réaction vers la nature, mais non complète, car il y a encore là de la fantaisie, quoiqu'il y en ait moins que dans le précédent.

M. Faure s'est attaqué franchement à la difficulté, et l'on peut dire que ce n'est pas sans succès. Il y a dans ce tableau de fort bonnes parties; comme composition et comme dessin, le progrès est notable. Plusieurs des figures groupées sous le grand arbre sont bien disposées; la petite femme assise sur le devant est charmante d'abandon, et celle qui, étendue sur le gazon émaillé, cherche à se garantir la tête contre les ardeurs du soleil, n'est pas moins jolie : ces deux figures, franchement éclairées, sont d'une belle et chaude couleur. Quant à la jeune fille qui prend une pose avec sa guirlande, elle est moins heureuse.

En somme, M. Faure nous a donné un gynécée en pleine campagne, et les poses de ces femmes rendent la sécurité complète qu'elles éprouvent loin des regards masculins. Mais si malheureusement il y avait une figure d'homme dans un coin du tableau, ces groupes ne seraient peut-être plus convenables.

M. Pollet étudie la nature; il réussit bien à rendre un fond de montagnes éclairées par le soleil du soir : c'est d'une vérité remarquable; malheureusement, il n'y a que les plans éloignés qu'il parvienne à rendre convenablement. Ses arbres sont crus de tons et lourds; ses premiers plans sont incomplets et manquent d'étude.

Dans un tout petit tableau, ces défauts s'effacent ou, pour mieux dire, ils paraissent moins; aussi les petits paysages de M. Pollet sont-ils beaucoup mieux que les grands.

Que M. Pollet dirige donc ses études vers les parties pour lesquelles il est en retard, qu'il fasse des arbres, qu'il fasse des premiers plans; il pèche par les détails: qu'il en fasse beaucoup aussi, et puis qu'il mette de l'air sur le devant de ses tableaux comme il en met dans ses fonds. **M. Pollet** est dans une bonne voie; il y a en lui de l'avenir, beaucoup d'avenir; il n'a qu'à vouloir pour être sûr d'arriver à un bon et légitime succès.

M. Genivet s'inspire, lui aussi, de la nature, et, comme **M. Pollet**, il réussit bien dans les fonds. C'est fait moins largement, c'est touché moins franchement; en revanche, il y a dans son tableau plus de perspective aérienne, ses plans sont mieux disposés, il y a plus d'espace et plus d'air. Mais ses premiers plans sont faibles.

M. d'Andert a un paysage pris dans la vallée de l'Isère : ce n'est ni la couleur, ni la nature de notre pays. C'est bien composé, c'est bien arrangé; mais là aussi il y a manque de perspective aérienne : les nuages, les montagnes sont sur le spectateur, et, dans le faire des rochers, il y a des détails qu'à cette distance on ne devrait point voir.

L'une des deux marines de **M. Champel** est assez jolie. Il y a là du soleil; seulement on voit dans le milieu du tableau une jetée et un môle qui, situés à une distance beaucoup plus grande que celle de la porte de la ville, ont la même valeur de ton que celle-ci.

Son autre marine a un ciel chocolat qui ne plait point; après cela, ses vagues ont assez de transparence et de mouvement.

M. Guédy rend assez bien les fonds des Alpes : les fonds neigeux de sa vue d'Allevard, ceux de son lac d'Alloz, sont vrais.

Il y a de la lumière dans sa vue du palais des papes, à Avignon.

Parmi les paysagistes étrangers, nous devons citer en première ligne **M. Ponthus Cinier**, de Lyon. Sa vue de Viviers est un admirable petit tableau où tout se trouve réuni: pensée, science, faire habile. Son ciel et ses fonds sont pleins de profondeur, les plans divers s'étagent successivement et à la place qui leur appartient. La lumière est bien distribuée pour faire valoir chaque partie, et chaque partie s'harmonie bien dans l'ensemble du tableau. Il y a là toute la grandeur du paysage historique, unie à l'exacte reproduction de la nature sévère du midi de la France.

M. Janniot, de Dijon, a deux gracieux paysages : l'un d'eux surtout, le *Bac sur le Rhône*, qui se recommande par de jolies eaux, des fonds heureux et des figures spirituellement touchées. C'est de la peinture étudiée, consciencieuse et qui gagnera beaucoup quand l'artiste possédera quelques hardiesses de main qui peuvent lui manquer encore. Il y a un bon sentiment de couleur dans cette peinture harmonieuse ; mais la montagne de gauche n'est pas d'une forme agréable, et cette plaque d'ombre doublée par la réflexion dans l'eau, occupe une trop grande place.

Le compatriote de M. Janniot, M. Audiffred, a été moins heureux ; ses arbres sont lourds et ne tournent point. Il y a aussi dans ses fabriques et dans ses rochers des crudités de teintes et un manque d'air qui fatiguent le regard.

M. Gallier a envoyé un paysage des environs de Rome, qui ne saisit pas le regard, mais qui est bien peint. Il y a de jolies figures sous une treille, et le tout est d'une couleur chaude sans cette exagération qu'ont souvent les peintures faites sous le ciel romain.

N'oublions pas M. Fonville dont nous avons deux petits tableaux. Nous préférons de beaucoup la vue du pont de la Baume à son autre paysage. C'est un peu froid pour le midi, un peu effacé de ton, cela manque un peu de relief, mais c'est fin de couleur générale, c'est spirituel de touche.

M. Dubuisson a rempli un petit paysage, pris dans les environs de Varces, d'un immense troupeau de chèvres. Il y en a dans toutes les poses, et elles couvrent presque tout son terrain. Le ciel et les fonds sont jolis, mais ce n'est là qu'une sorte de caprice artistique dont la rapide exécution témoigne de l'habileté de main du peintre, sans rien ajouter à sa réputation.

Le Parthénon d'Athènes, de M. Bonirotte, est peint

d'après nature, dit le livret. On a de la peine à le croire
en voyant ces fûts de colonne d'un rouge brique des
plus criards.

La peinture de M. Anrioud est un peu de conven-
tion. Sa vue d'un parc est sèche et grise ; ses paysages
du midi de la France ne rendent pas la couleur de ce
pays ; ils sont froids et mollement touchés.

Les portraits sont assez nombreux, comme à l'ordinaire ; comme toujours, les bons sont rares. C'est
qu'il est plus difficile qu'on ne le pense de faire un
véritable portrait. La ressemblance matérielle s'obtient
facilement, mais c'est la moindre des choses ; il faut, en
retraçant les traits d'une personne, reproduire en même
temps l'expression habituelle du visage, la physionomie
qui l'éclaire ordinairement. Il faut surtout mettre en
rapport les traits qui reflètent la pensée , afin que
la bouche ne donne pas un démenti à l'œil et réci-
proquement. Et puis c'est la pose à donner pour dissimuler la pose elle-même, c'est la raideur à éviter,
c'est la simplicité à obtenir partout : dans l'attitude du
corps, dans l'expression de la figure , dans l'agence-
ment des vêtements.
En première ligne, le public a mis le portrait de
M. Eugène Faure. Le public a eu raison : ce portrait
est l'une des toiles les plus remarquables de l'exposition. Ce que nous aimons dans ce portrait est précisément la simplicité qu'on trouve si rarement dans le
genre ; et puis il y a harmonie en tout, jusque dans les
procédés de la peinture : vous n'y voyez pas une
touche à effet , pas un coup de lumière qui vienne
heurter un trait ; la lumière est tranquillement répan-
due sur la tête ; il n'y a pas d'ombre fortement pro-
jetée ; le corps se plonge graduellement dans la
demi-teinte qui va en s'obscurcissant de plus en plus ;
enfin le tout s'enlève sur un fond rouge sombre, sans
effort, sans éclat, sans oppositions tranchées, tout naturellement et avec la plus grande vérité.
Devant cette peinture, on ne dit pas qu'elle est
habile ; en effet, on ne voit pas le travail, on n'y surprend
pas les hardiesses de main, la fougue de pinceau qui
étonnent dans d'autres tableaux, et, à notre avis, si ce

n'est pas la plus grande habileté, c'est du moins un grand bonheur. Ce bonheur, nous souhaitons de tout notre cœur que M. Eugène Faure le retrouve encore, et nous aimons à lui dire que nous osons l'espérer.

On reproche à M. Faure ses mains, qui ne sont pas finies. S'il y a parti pris, le reproche doit être maintenu; si, au contraire, c'est le temps seul qui a manqué, il n'y a là qu'un accident contre lequel l'artiste prendra ses précautions à l'avenir.

Les portraits de M. Méhier ont de grandes qualités : ses figures sont bien posées, bien dessinées, mais la couleur de cet artiste n'a pas d'éclat, pas de relief et elle ne séduit pas, bien que le faire soit très-habile. De ses trois portraits, celui que nous préférons, et de beaucoup, est le moins grand; il est indiqué sur le livret sous le n° 91. C'est joli de pose, d'expression, de naturel enfin.

Sur cinq portraits, M. Célestin Blanc en a un qui est remarquable, c'est celui de M. de St-F.... Le corps est bien assis, il porte bien; le dessin est satisfaisant et c'est bien peint. Le ton en est un peu froid; on pourrait encore relever quelques détails, mais, en somme, c'est là un très-bon portrait.

Le portrait de M. R.... n'est pas mal non plus, mais la pose de la tête a quelque ambition; et, dans l'expression, il y a bien quelque chose à redire : c'est lourd comme forme dans la partie inférieure, et la physionomie perd à cela de la finesse et de la vérité.

Les autres portraits sont moins bien, et nous nous abstiendrons d'en parler pour n'avoir pas à en médire.

M. Rolland, outre un ancien portrait, a exposé un cadre renfermant trois têtes d'enfant, où il y a du mouvement et de la vie. Le pinceau de M. Rolland n'a pas vieilli.

M. Blanc-Fontaine a un portrait de petite fille assise dans un fauteuil au milieu de flots de draperies; c'est joli comme arrangement. Son portrait d'homme est bien posé et bien peint, mais la figure est d'un ton terne que fait ressortir davantage le fond verdâtre des boiseries. Nous croyons que si l'on changeait le fond, ce portrait gagnerait beaucoup.

M. Durand a un portrait bien réussi. Cette tête de vieille femme est pleine de vérité. Il y a beaucoup de finesse dans le regard; il est difficile de mieux rendre des yeux humains. Malheureusement, les mains ne répondent pas au visage.

Une tête énergiquement peinte est celle qui porte le numéro 136, et qui est l'œuvre de **M. Ricard**, de Marseille. C'est chaud de ton et vigoureusement enlevé; il y a de l'entrain méridional dans cette peinture.

La tête de page, de **M.** Cottavoz, se recommande par des qualités analogues, mais c'est moins fait, et on ne saurait y voir qu'une ébauche habilement préparée.
Le portrait d'un jeune homme, par **M.** Rahoult, est un joli portrait de genre. La figure est bien posée et peinte largement.

Parmi les portraits de **M.** Duprey, nous avons remarqué celui d'un ecclésiastique, qui se distingue par du naturel et de la vérité; mais les vêtements ne sont pas bien, l'étoffe est gommée et raide, les plis durs, anguleux.

Nous sommes arrivés à la fin de la peinture et nous avons fait quelques omissions, sans doute; il y en a d'involontaires, mais aussi il y en a d'autres qui sont le résultat de notre volonté.

Parmi les premières, nous voudrions pouvoir réparer celle dont **M.** Reignier, de Lyon, aurait le droit de se plaindre. Cet artiste a, en effet, deux jolis groupes de fleurs et de fruits, que la société a acquis. Par la même occasion, nous signalerons des tableaux d'amateurs. Ceux de **M.** Planche donnent de l'espérance; ses arbres sont assez habilement faits.

Il y a, en outre, des copies assez bien réussies de Mme Pataud, de **MM.** Guillot, Rambaud, etc.

N'oublions pas l'importante copie de notre beau Claude Lorrain, par M. Guédy, et qui rend très-heureusement l'effet de l'original.

Parmi les dessins, il y en a qui sont l'œuvre de divers artistes; d'autres appartiennent aux écoles municipales, et ils feront un chapitre tout-à-fait à part.

M. Debelle a trois pastels. Ce genre, appliqué au paysage, n'est point aussi favorable que lorsqu'il est employé pour la figure. Le pastel manque de transparence ; il a des lourdeurs, et de plus, il est difficile d'arriver, avec lui, à cette justesse de tons que la peinture à l'huile peut toujours obtenir.

La *Vue de Naples* est, néanmoins, assez jolie, et peut-être encore devrait-on lui préférer une des deux vues de l'Oisans, celle où l'on voit une partie du cours de la Romanche.

M. Camoin a de l'entrain et de la verve, mais il tombe dans l'exagération de la charge, surtout dans l'aquarelle qui est désignée au livret comme un *Souvenir de la barrière de Bercy.*

M. Girard a deux paysages aquarelles, dont l'un est très-chaud de couleur et assez habilement fait.

M. Margain, de Grenoble, manie la mine de plomb avec habileté. Ses deux dessins sur papier teinté et rehaussés de blanc sont d'un genre un peu maniéré, mais c'est joli. Nous préférons celui qui représente l'*Intérieur de l'allée des Marronniers* à l'autre, qui est intitulé le *Jardin de Ville.*

Les dessins de M. Rahoult, au fusain mélangé de pastel, sont d'un bon effet, mais nous leur préférons ceux de M. Ravanat qui sont au crayon noir. Il y en a un, surtout : *Un intérieur de parc*, qui, pour nous, a la valeur d'un tableau ; il y a de beaux arbres sur le devant, et, par une ouverture du feuillage, on voit un fond qui se perd dans le lointain. Les plans sont bien accusés; les premiers sont vigoureux et font bien fuir les plans plus éloignés.

Dans le groupe de fleurs à l'aquarelle de M. Isidore Perrin, il y a de jolis détails, des fleurs assez bien rendues individuellement, mais **M.** Perrin a manqué d'art pour leur arrangement. C'est confus; ce n'est pas massé et groupé de façon à attirer le regard sur un point principal; il n'y a aucune partie prédominante; or, quand l'intérêt est partout, il n'est nulle part. Le fond est mal choisi et nuit à l'effet du tableau.

Mlle Girodeau cultive aussi les fleurs, nous voulons dire qu'elle les peint. Elle paraît affectionner principalement la primevère. Il nous semble que ces fleurs n'ont pas, dans les cadres de Mlle Girodeau, toute la légèreté désirable.

Les costumes de M. Salles manquent de vigueur et de relief.

En province, la sculpture n'a pas les éléments suffisants pour s'y développer dans la même proportion que la peinture. Les travaux de sculpture sont dispendieux même pour l'artiste. Le bronze et le marbre élèvent le prix du moindre buste, de la plus petite statuette, de façon que les grandes fortunes seules peuvent y atteindre; et quant au plâtre, sa fragilité, sa couleur mate et crue, sa tendance à se salir ne permettent pas qu'il soit tenu en haute considération. Le plâtre sert à fixer la première pensée de l'artiste que la terre ne peut conserver; il sert aussi à vulgariser certains objets d'art par des reproductions faciles et peu coûteuses. Sous ce rapport, il rend à la sculpture un service analogue à celui que la gravure et la lithographie rendent à la peinture; mais ce n'est pas avec le plâtre qu'on fait de l'art sérieux, durable; il s'ensuit qu'en province, le statuaire, privé de ces travaux importants qui élèvent la pensée de l'artiste et stimulent toutes ses facultés, se trouve réduit souvent à faire du métier où l'intelligence manque de champ pour s'exercer, où la main même s'alourdit. — Grenoble est mieux partagé pourtant que la plupart des villes de province. Les Dauphins du château d'eau, le Lion de St-Laurent, la Fontaine et le Génie des Alpes, d'Uriage, le Championnet de Valence sont là pour le prouver. Enfin, **M.**

Sappey a fait depuis longtemps de bons ouvrages qui l'ont fait connaître hors de notre ville : nous allons examiner son lot à notre exposition.

Ses trois bustes sont des portraits faits sans la nature, et avec l'aide de ces tristes empreintes qui ne reproduisent que des traits inanimés ou même altérés par les dernières angoisses de l'agonie. Avec de telles conditions, on est étonné que l'artiste ait pu encore mettre dans ces yeux qu'il n'a pas vus, dans ces bouches affaissées sous le masque, autant de vérité et de vie. L'expression est quelque chose de mobile qui éclaire par moment un visage et qu'il faut voir pour la rendre heureusement; en l'absence du modèle, on se trouve donc dans la nécessité d'éteindre en quelque sorte la physionomie, de la laisser dans un certain vague ; autrement on s'exposerait à quelque chose de faux qui nuirait à la ressemblance, et dans ces circonstances c'est la ressemblance qui est le point essentiel. Ceci répond au reproche qu'on pourrait adresser à M. Sappey à l'occasion de ses portraits.

Le buste d'un petit enfant (n° 180) fait ressortir la différence qui existe entre le marbre et le plâtre. Ce n'est pas le plâtre qui pourrait rendre ce quelque chose de mol, de délicat, de suave, que la langue italienne exprime en un seul mot: *morbidezza*, et qui est l'apanage surtout de la première enfance. Cette petite tête est charmante et elle révèle un ciseau très - facile.

L'enfant qui joue avec un dauphin est un groupe destiné à une fontaine: c'est un peu mou et un peu lourd ; il manque aux masses principales d'être plus étudiées, d'avoir quelques détails, quelques finesses, et c'est précisément à ce morceau qu'on peut appliquer la distinction du métier et de l'art que nous avons cherché à établir tout-à-l'heure.

Le pêcheur est plus étudié, mais cette statue a un grand tort à nos yeux : la pensée y fait défaut et l'action n'est pas comprise. Quant à l'exécution, il faut distinguer l'ensemble des détails. Le corps pourrait mieux porter; il penche sur la gauche: il est vrai que ce défaut tient, nous a-t-on dit, au moulage qui n'a point réussi, soit parce qu'on s'y est mal pris, soit parce que le plâtre de Grenoble est d'une qualité détestable pour les travaux de ce genre. Autrefois, il y avait pour l'extraction et la fabrication du plâtre de nombreux concurrents, aussi ce produit était bon et peu cher. Aujourd'hui, que le monopole a les coudées franches, le susdit produit a perdu de valeur et augmenté de prix; c'est la règle ordinaire, et il ne faut n'y s'en étonner, ni en médire.

Pour revenir à la statue de **M.** Sappey, on fait à la tête un reproche: celui de manquer d'expression et de physionomie.

En revanche, les bras sont bien attachés; ils sont bien nature. Les détails de la poitrine, le dessous du bras gauche, nous ont paru également réussis.

Ce que **M.** Sappey a exposé de mieux, ce qui a fait un plaisir universellement partagé, c'est la petite statue, en pierre de Sassenage, d'*enfant tenant un poisson*. La tête rit bien, elle exprime heureusement la joie que ressent l'enfant, à l'occasion de sa capture; et puis on sent l'effort qu'il doit faire pour porter son gros poisson. Le corps est bien modelé; ce sont bien des chairs d'enfant potelées et molles. Le filet est bien arrangé, bien fait; et quand on connaît la dureté de la pierre de Sassenage et la difficulté qu'a le ciseau pour fouiller dans un corps aussi résistant, on apprécie mieux encore le mérite de l'exécution, soit dans ce détail particulier, soit dans l'ensemble de l'œuvre.

Un sculpteur de Vienne nous a envoyé quatre médaillons. Dans ceux qui représentent la tête du Christ et celle de la Vierge, il y a un modelé assez large et assez ferme, et quant à l'expression, elle n'y fait pas défaut.

Pour l'esquisse ayant nom: le *Retour du Soldat*, c'est une œuvre que nous n'aimons point. C'est la vulgarité dans son expression la plus anti-artistique.

Le Christ au tombeau est un petit bas-relief reproduit en ciment de Saint-Ismier. — L'original est l'œuvre d'une artiste anonyme qui paraît se distinguer surtout par la pensée. Les figures sont bien groupées; elles sont pleines d'expression, et bien que ce ne soit qu'une esquisse faite sans prétention, cette grande scène est bien indiquée, le sentiment religieux s'y trouve bien exprimé.

La *Vierge* de M. Louvat doit être examinée et jugée comme travail de praticien. M. Louvat n'est pas statuaire, mais il manie le ciseau avec habileté ; seulement on voit, aux duretés qu'il a laissées subsister dans diverses parties de son œuvre, qu'il n'a pas l'habitude de sculpter la figure, pour laquelle il faut de tout autres procédés que pour l'ornement.

L'exposition compte encore un certain nombre d'objets de sculpture, exécutés par les élèves de l'école de sculpture architecturale ; nous y viendrons quand nous passerons la revue des œuvres appartenant aux autres écoles municipales.

Deux projets de théâtre, et des dessins pour servir à la restauration de la crypte de Saint-Laurent, voilà le contingent de l'architecture.

Le projet de M. Martin n'est pas complet et nous n'en dirons rien. Celui de M. Manguin paraît étudié dans ses plus petits détails. Sa façade est simple et d'un style qui n'est point lieu-commun ; l'alliance de la brique et de la pierre nous paraît donner à cette façade un certain aspect de coquetterie qui va bien à un édifice de ce genre ; par la différence de couleur, elle sert aussi à dissimuler la nudité inévitable des façades latérales.

La salle nous a paru jolie, gracieuse, et comme disposition intérieure, l'artiste a prévu des commodités, des facilités de circulation sans lesquelles un théâtre ne peut être complet.

À ce propos, il y a bien des gens qui demandent quand nous aurons à Grenoble un théâtre neuf autrement qu'en dessin. Celui de M. Manguin ou de tout autre, n'importe, mais un théâtre ; il nous faut un théâtre : voilà ce qui se dit. Avis à l'autorité municipale.

La crypte de Saint-Laurent est un curieux spécimen de la vieille architecture religieuse. En France, il est

peu d'échantillons romans aussi vieux que cet ædicule
souterrain, et il a des caractères à lui qu'on ne retrouve pas ailleurs.

Il y a peut-être bien à Grenoble cent personnes qui
l'ont vu, et, en revanche, il y en a beaucoup qui ne le
connaissent même pas de nom. Les dessins de M. Manguin lui donneront une notoriété plus grande d'abord,
et puis il faut espérer qu'ils en amèneront la restauration ainsi que celle de l'abside de l'église Saint-Laurent
qui lui est superposée.

A première vue, ces restaurations ne sauraient être
bien dispendieuses; il n'y a pas de sculptures à faire,
et entre l'état, le département et la ville, il ne doit
pas être difficile de réunir des fonds suffisants. Avis
encore à l'administration de la ville et à l'autorité dé-
partementale.

Vanterons-nous le dessin de M. Manguin à propos
de ces projets? L'habileté du trait et du lavis est la
moindre chose en semblable matière, nous le savons;
nous devons dire, cependant, que la brillante facilité
de main de cet architecte aide puissamment à l'effet
de ses dessins.

Nous terminerons par la mosaïque récemment expo-
sée par M. Durand, menuisier-ébéniste à Voiron. Il y
a là autre chose que la disposition harmonieuse et artistique de ces petits cubes en pâte colorée et solide.
La composition de cette pâte, sa dureté, sa coloration,
sont autant de choses qui ont dû coûter énormément
de peine et de tâtonnements à un simple ouvrier dé-
pourvu du secours de la chimie. Que de réflexion,
que de constance, que d'énergique volonté il a fallu
pour arriver à ce résultat! Là où un homme en pos-
session de tous les procédés de la science n'aurait mis
que de l'habileté et du soin, il a fallu du génie à l'homme
armé de ses seules forces naturelles, et c'est à ce point
de vue surtout qu'il faut considérer l'œuvre de M. Durand.

Maintenant, il s'agit de savoir si le prix de semblables mosaïques peut être suffisamment abaissé pour être
à la portée des fortunes moyennes; car, à côté de la
question d'art, il y a la question industrielle, et c'est
celle-ci qui n'est point résolue.

En résumé, des appréciations que nous avons successivement fait connaître, il résulte bien que l'art est en progrès incontestable à Grenoble, et, bien certainement, il n'a pas dit encore son dernier mot. La plupart de nos artistes sont jeunes encore; ils sont à l'âge où la pensée et la main peuvent gagner en puissance d'invention et en habileté d'exécution. L'exposition actuelle, par l'intérêt que le public, non seulement de la ville, mais encore du département de l'Isère, lui a témoigné cette année-ci, aura une immense force d'impulsion pour l'avenir. C'est dans la carrière artistique surtout qu'on a besoin de soleil ; c'est là qu'il faut le regard de la foule , — qu'elle applaudisse ou non. Ah! sans doute, les applaudissements réchauffent le cœur et donnent du courage pour surmonter les obstacles dont la voie est remplie; mais la critique aussi a son utilité: si elle blesse, elle rectifie, et la souffrance du moment est une préparation aux joies de l'avenir.

C'est dans cet esprit, c'est dans ce but, que notre critique s'est produite. Comme nous en avions pris l'engagement, nous l'avons écrite en nous dégageant de toute préoccupation particulière. Nous ne savons si ceux qu'elle a pu atteindre nous rendront cette justice, nous aimons à l'espérer ; dans tous les cas, nous nous consolerons avec le jugement impartial de notre propre conscience (1).

---

(1) La revue des œuvres diverses des écoles municipales ayant de l'importance à un autre point de vue que celui de l'art proprement dit, nous avons arrêté ici la reproduction des feuilletons du Patriote des Alpes,

(Note de l'éditeur.)